BEI GRIN MACHT SICH [
WISSEN BEZAHLT

- Wir veröffentlichen Ihre Hausarbeit,
  Bachelor- und Masterarbeit

- Ihr eigenes eBook und Buch -
  weltweit in allen wichtigen Shops

- Verdienen Sie an jedem Verkauf

Jetzt bei www.GRIN.com hochladen
und kostenlos publizieren

Bibliografische Information der Deutschen Nationalbibliothek:

Die Deutsche Bibliothek verzeichnet diese Publikation in der Deutschen National-
bibliografie; detaillierte bibliografische Daten sind im Internet über http://dnb.d-
nb.de/ abrufbar.

Impressum:

Copyright © 2019 GRIN Verlag
Druck und Bindung: Books on Demand GmbH, Norderstedt Germany
ISBN: 9783668919716

Dieses Buch bei GRIN:

https://www.grin.com/document/462520

Marius Neumann

UNICUM.de – Die Wissensreihe

UNICUM.de

Band 108

Social Network Analysis und Graphdatenbanken

GRIN Verlag

GRIN - Your knowledge has value

Der GRIN Verlag publiziert seit 1998 wissenschaftliche Arbeiten von Studenten, Hochschullehrern und anderen Akademikern als eBook und gedrucktes Buch. Die Verlagswebsite www.grin.com ist die ideale Plattform zur Veröffentlichung von Hausarbeiten, Abschlussarbeiten, wissenschaftlichen Aufsätzen, Dissertationen und Fachbüchern.

Besuchen Sie uns im Internet:

http://www.grin.com/

http://www.facebook.com/grincom

http://www.twitter.com/grin_com

SOCIAL NETWORK ANALYSIS

UND

GRAPHDATENBANKEN

Seminararbeit

Inhaltsverzeichnis

Abkürzungsverzeichnis

API	Application Programming Interface
DBMS	Datenbank-Management-System
JDBC	Java Database Connectivity
LPG	Labeled Property Graph
RDF	Resource Description Framework
SNA	Social Network Analysis / soziale Netzwerkanalyse
SQL	Structured Query Language
URI	Unique Resource Identifier

1. Einleitung

In den vergangenen Jahren ist dem Netzwerkbegriff nicht nur in seiner sprachlichen Verwendung eine wachsende Bedeutung zugekommen. Vernetzung ist in allen Bereichen der Gesellschaft gegenwärtig – sei es am Arbeitsplatz, im Privatleben oder der Öffentlichkeit. Mit dem Aufkommen und ständiger Verfügbarkeit sozialer Medien entwickelte sich ein Bewusstsein für diese vielfältigen Beziehungen, die der Mensch als soziales Wesen seit jeher pflegt. Der eigene Alltag beschäftigt sich durch Plattformen wie Instagram oder LinkedIn zusehends mit dem Gegenstand „Netzwerk" an sich, was sich nicht zuletzt in Modewörtern wie „socializing" oder „networken" niederschlägt.

Dieses neue Bewusstsein über die Bedeutung sozialer Strukturen, kombiniert mit einer nie dagewesenen Transparenz früher unzugänglicher Wirkungsgeflechte befeuert einen Paradigmenwechsel von der Informationsgesellschaft hinein in eine Netzperspektive. Es stellt sich die Frage: Wie können die Daten unserer interkonnektiven Umwelt bestmöglich für Analyseprozesse genutzt werden, um Erkenntnisse über soziale, wirtschaftliche und kommunikative Zusammenhänge zu erhalten und das gewonnene Meta-Wissen über (informelle) Netzwerke zielgerichtet, z.B. in Form von Optimierung oder Manipulation, einzusetzen?

Im Zuge der digitalen Transformation setzen sich viele Unternehmen daher mit den Themen Big Data und sozialer Netzwerkanalyse (SNA) auseinander mit dem Ziel, darin enthaltene Informationen offenzulegen und als Wissen nutzbar zu machen. Da solche Datenbestände nach den Dimensionen der 3 V's in großer Menge, in unstrukturierter oder auch unterschiedlich strukturierter Form vorliegen und sich in der benötigten Verarbeitungszeit unterscheiden, kommt der Auswahl geeigneter Werkzeuge eine große Bedeutung zu, um einen effektiven und effizienten Datenbearbeitungs- und Analyseprozess zu gewährleisten. Hier haben sich im Bereich der Datenbanksysteme Graphen als nützliche Form erwiesen, Daten übersichtlich und nachvollziehbar zu visualisieren.

Ziel dieser Arbeit ist es, einen grundlegenden Überblick über die methodische Arbeit und den State-of-the-Art der sozialen Netzwerkanalyse zu bieten.

1

Insbesondere sollen sowohl der Umgang, wie auch Relevanz und Potenziale von Daten als Wissensrohstoff und Wertgegenstand thematisiert werden. Auf technischer Ebene wird nach einer Einordnung auf die Eignung von Graphdatenbanken für Analytics eingegangen. Anschließend werden ausgewählte Anwendungsfelder in einer Netzwerksicht betrachtet und es soll ausgelotet werden, inwieweit Einsatzmöglichkeiten sowie Erkenntnisgewinne durch SNA bestehen.

2. Analyse sozialer Netzwerke

Bei der analytischen Betrachtung eines Realitätsausschnitts ist es essentiell, zu Beginn eine eindeutige Definition des Untersuchungsgegenstands vorzunehmen. So stammt der Terminus des Social Networks aus der Netzwerktheorie der Sozialwissenschaften. Christakis und Fowler beschreiben das soziale Netzwerk als eine Gruppe, die nicht nur eine bestimmte Anzahl von Menschen darstellt, sondern sich vielmehr durch die Beziehungen zwischen ihren Teilnehmern auszeichnet. Sie sehen Personen, Beziehungen und die darüber getätigten Übertragungen als dessen elementare Bestandteile.[1] Weiterhin lassen sich soziale Netzwerke bezüglich ihres Umfangs und dem Grad der Verflechtung charakterisieren, der Position ihrer Teilnehmer und der Qualität ihrer Beziehungen. Somit können bspw. städtischer Straßenverkehr, eine Schule oder ein Unternehmen als eigene soziale Netzwerke angesehen werden. Abzugrenzen ist diese allgemeinere Betrachtungsweise einerseits von sozialen Online-Netzwerken. Diese umgangssprachlich als „soziale Netzwerke" bezeichneten Plattformen sind lediglich als ein Teilbereich von unterschiedlichen Ausprägungen anzusehen. Andererseits besetzt der Begriff „soziale Medien" das weiter gefasste Feld der wechselseitigen, interaktiven Kommunikation über das Internet. Typischerweise zu Social Media gezählte Plattformen beinhalten neben sozialen Netzwerken unter anderem Blogs, Wikis sowie Foto- und Video-Sharing Plattformen.[2]

Als theoretisches Fundament für die Beschreibung von sozialen Netzwerken kann die Akteur-Netzwerk-Theorie herangezogen werden.

---

[1] Vgl. Christakis und Fowler (Die Macht sozialer Netzwerke).
[2] Bendel (Soziale Medien), URL siehe Literaturverzeichnis.

Sie unterstellt Aktanten, Netzwerkbeziehungen und Objekte als Elemente, woraus sich unterschiedliche Betrachtungsschwerpunkte ergeben.[3] So beschäftigt sich bspw. die psychometrische Analyse mit Akteursverhalten, die Soziologie mit der Eigendynamik des Netzwerks und die ausgetauschten Inhalte sind für Diskursanalysen von Interesse. Die Social Network Analysis beschäftigt sich nun dahingehend mit dem Aufdecken von Mustern in der Interaktion zwischen den Netzwerk-Teilnehmern. Sie geht von der Annahme aus, dass die abgebildeten sozialen Strukturen von entsprechender Wichtigkeit im Leben derjenigen darstellen, die sie erzeugen. Netzwerkforscher nehmen weiterhin an, dass die Art der Einbindung einer Person in das sie umgebende Netz in erheblichem Maße Einfluss auf ihr eigenes Leben und Verhalten nehme und dass überdies ebenso der Erfolg einer Gesellschaft oder Organisation vom Muster der internen Struktur abhänge.[4]

Netzwerke lassen sich nach mehreren Ansätzen klassifizieren. Die SNA unterscheidet im Allgemeinen zwischen ego-zentrierter und Gesamtnetzwerk-Betrachtung, wobei erstere die Sicht eines bestimmten Akteurs einnimmt und in Bezug zu seiner Umwelt setzt, letztere sich nicht auf ein Individuum beschränkt und das Gesamtbild wahrnimmt.[5] Die ego-zentrierte Analyse betrachtet einen beschränkten Teilausschnitt der Netzwerk-Realität zur Ermittlung spezifischer Metriken. So bezeichnet die Netzwerkgröße die Anzahl an Personen, mit denen ein Akteur verbunden ist, der Anteil von vorhandenen an potentiellen Verbindungen in diesem Subnetz wird als Dichte gemessen. Die Multiplexität gibt Auskunft, ob Akteure über mehrere Arten von Beziehungen interagieren. Netzwerke in ihrer Gesamtheit lassen sich nach Göllner et al. in Closure Networks und Brokerage Networks aufgliedern.[6] In Anlehnung an die Systemtheorie entspricht dies einer Aufteilung in abgeschlossene und offene Systeme. Ein Closure Network kann als unabhängig von externen Einflüssen und zentralisiert charakterisiert werden, wobei sich Abhängigkeiten von Akteuren in zentraler Position ausbilden. In offenen Netzwerken nehmen sogenannte Broker eine Brückenrolle zwischen (sonst isolierten) Subsystemen ein und ermöglichen übergreifende Kommunikation. Wie auch Netzwerkzentren sind Broker strukturkritische Einheiten, da ohne sie Teile des Gesamtnetzes von der Kommunikation abgeschnitten werden.

---

[3] Vgl. Latour (Soziologie für eine neue Gesellschaft).
[4] INSNA (What is Social Network Analysis?), https://www.insna.org.
[5] Jansen (Einführung in die Netzwerkanalyse), S. 79.
[6] Göllner u.a. (Einführung in die soziale Netzwerkanalyse), S. 13ff.

Daneben existieren weitere Ebenen unterschiedlichen Fokus. Dyaden formalisieren den Beziehungszustand zwischen zwei Akteuren. Da es sich bei Verbindungen um gerichtete Kanten handelt, kann zwischen Zuständen a) einer wechselseitigen Beziehung, b) einer von zwei möglichen asymmetrischen Beziehungen, oder c) einer nicht ausgebildeten Beziehung differenziert werden.[7] Triaden nehmen in ihrer Betrachtung einen dritten Knotenpunkt hinzu, womit sie als Verbund von drei Dyaden verstanden werden kann. Der dritte Akteur lässt sich als Broker nutzen, welcher für die anderen eine Funktion erfüllt. So kann er den Verbund von innen oder außen heraus koordinieren oder als Gatekeeper den ein- und ausgehenden Informationsfluss steuern.[8]

Die Social Network Analysis verfolgt je nach Einsatz verschiedene Messziele, wie die Identifikation verborgener Gruppen und Beziehungen, Informationsflüssen („Information Propagation") oder Prozessen. Sie arbeitet dabei oft qualitativ und verwendet zur Datengewinnung Tools wie Interviews, Fragebögen, Textanalysen und Data Mining.[9] Nach Cross und Parker kann eine Online-SNA in sieben Teilschritten durchgeführt werden. Zu Beginn werden in der Zielsetzung Strukturen, Prozesse und Themen identifiziert, in denen substanzielle Unklarheiten über die reale Netzwerksituation vermutet werden. Daraufhin wird eine Zielgruppe definiert, um den Netzwerkausschnitt abzustecken, Akteursrollen zu vergeben und die Art der zu erhebenden Beziehungen festzulegen. Nach Auswahl geeigneter Tools und Erstellung eines Ablaufplans erfolgt die Phase der Datenerhebung. Aufgrund der Besonderheit von Netzwerkdaten können diese visualisiert werden, sodass bereits bei optischer Datenbetrachtung erste Strukturmerkmale ersichtlich werden. Um präzise Aussagen zu erhalten, schließt sich die Berechnung von Kenngrößen und Indikatoren an. Erwähnenswert sind hier Zentralitätsmaße wie „Degrees of Separation" als Abstandsmaß, Closeness-Zentralität der Erreichbarkeit oder Authority Weight als Maß der einflussreichen Freunde. Die in sozialen Netzwerken gerichteten Beziehungen erlauben weiterhin Prestigemaße, um den Rang eines Akteurs zu bestimmen.[10] Den Abschluss einer SNA bildet die Verbreitung der Ergebnisse sowie Umsetzung darauf ausgerichteter Maßnahmen.[11]

---

[7] Trappmann u.a. (Strukturanalyse sozialer Netzwerke), S. 182f.
[8] Nooy u.a. (Exploratory social network analysis), S. 151.
[9] Zenk und Behrend (Soziale Netzwerkanalyse in Organisationen), S. 211ff.
[10] Mutschke (Zentralitäts- und Prestigemaße), S. 366.
[11] Vgl. Cross und Parker (The hidden power of social networks).

Wichtige Voraussetzung für eine effektive und realitätsgetreue Analyse sozialer Netzwerke ist die Datenqualität als Faktor in der Erhebungsphase. Wang und Strong definieren hierfür mit der intrinsischen, kontextuellen und repräsentierbaren Datenqualität sowie der Zugänglichkeit mehrere Qualitätsdimensionen. Vollständigkeit, Aktualität und Interpretierbarkeit der Daten sind relevante Kriterien, die die Auswertungskomplexität und den Ergebnisnutzen einer SNA beeinflussen.[12]

3. Grundlagen zu Graphdatenbanken

Bei Graphdatenbanken handelt es sich um ein Speichersystem, welches aus der Graphentheorie entstammt. Dieses setzt sich aus einem Datenbank-Management-System (DBMS), sowie der dadurch verwalteten Datenbasis zusammen und verwendet Knoten, Kanten und Attribute, um Daten in einer Graphstruktur zu repräsentieren und zu speichern.

Grundlegend wird zwischen zwei Modellierungsansätzen von Graphdatenbanken unterschieden: dem Resource Description Framework (RDF) und Labeled Property Graphs (LPG). Historisch bedingt dient RDF dem Zweck eines vereinheitlichten Datenaustauschs. Daten werden nach dem Schema Subjekt-Prädikat-Objekt in Beziehung gesetzt, wobei das Prädikat, als gerichtete Kante, Start- und Endknoten verbindet. Alle Knoten und Kanten sind durch einen Unique Resource Identifier (URI) ansprechbar. Sämtliche Attribute einer Entität werden im RDF-Graphen ebenfalls als Knoten abgebildet. LPG verfolgt dagegen das primäre Ziel der effizienten Datenspeicherung, um unter anderem schnellere Anfragen entlang von Beziehungsgraphen durchführen zu können. Hier erhält jeder Knoten eine ID, welchem die Attribute, auch Properties genannt, als Schlüsselwert-Paare zugeordnet sind. Ebenso verfügen Kanten, die Beziehungen, über eindeutige IDs und ein zugeordnetes Set von Attributen. Damit befinden sich die Attribute sowohl von Knoten als auch Kanten in einer internen Struktur, was den Hauptunterschied zu RDF darstellt und die Darstellung mehrerer Instanzen desselben Beziehungstyps zwischen zwei Knoten ermöglicht.[13]

---

[12] Wang und Strong (What data quality means), S. 5-33.
[13] Barrasa (RDF Triple Stores vs. Labeled Property Graphs), URL siehe Literaturverzeichnis.

Graphdatenbanken sind den NoSQL Datenbanken zuzuordnen und unterscheiden sich somit vom tabellarischen Aufbau relationaler Datenbanken. In diesen werden Datensätze implizit miteinander verknüpft (Schlüsselsystem), wohingegen in Graphdatenbanken Abhängigkeiten explizit modelliert werden. Ein Vorteil, dass Daten in dieser Repräsentationsstruktur direkt miteinander verlinkt werden, ist, dass durch die kurzen Verbindungswege bei hohem Vernetzungsgrad einzelne Datensätze schnell erreicht werden. Auch die Zugriffsoperationen gehen mit geringerem Zeitaufwand einher, da das Design einer Graphdatenbank auf Beziehungen ausgerichtet ist und diese Verbindungen bereits abgespeichert vorliegen.[14]

Das Datenbankschema muss außerdem nicht vordefiniert werden, „Knoten, Eigenschaften, Verbindungen und neue Beziehungsarten können jederzeit dynamisch ergänzt oder entfernt werden."[15] Solche Transaktionen auf Graphdatenbanken erfüllen auch das ACID-Paradigma (Atomarität, Konsistenz, Isolation, Dauerhaftigkeit), wodurch vollständige und konsistente Zugriffe auch bei Analytics und Reporting in Echtzeit gewährleistet werden.[16]

Während im relationalen System mit JDBC und SQL gängige Standards etabliert sind, wird für Graphdatenbanken eine eigene Anfragesprache benötigt. Für den Graphzugriff existiert eine Vielzahl an (teils anbieterspezifischen) Sprachen wie SPARQL und Gremlin für RDF oder openCypher für LPG.[17] Wie auch bei anderen DBS übernimmt die Verwaltung der Graphdatenbanken ein DBMS. Als meistverwendetes System kommt in diesem Bereich Neo4j zum Einsatz, weitere Alternativen sind bspw. Azure Cosmos DB von Microsoft oder ArangoDB.[18] In Bezug auf den Speichermechanismus kann zwischen nativen und nicht-nativen Graphdatenbanken differenziert werden. Bei nativen Lösungen ist das Dateisystem auf das Graphmodell ausgerichtet, sodass das Entlanggehen an einer Beziehung in einem Schritt geschieht. Suchoperationen werden daher in O(n) ausgeführt, wobei sich die Kosten nach der Menge der zu suchenden Daten richtet und unabhängig von der Gesamtgröße des Graphen ist. Dagegen kann auch ein nicht-graphbasiertes, bestehendes Modell in eine Graphdatenbank umgewandelt werden.

[14] Yoon u.a. (Use of Graph Database), S. 19-27.
[15] WI-Wiki.de (Graphdatenbanken), URL siehe Literaturverzeichnis.
[16] PAT Research (Top 27 Graph Databases), URL siehe Literaturverzeichnis.
[17] Francis u.a. (Cypher), S.1433ff.
[18] DB-Engines (Ranking of Graph DBMS), URL siehe Literaturverzeichnis

So kann eine Graph-API auf einem relationalen System aufsetzen, wobei die Tabellen denormalisiert und mittels Hashing in einen Graphen übersetzt werden. Das Datenbanksystem muss hier jedoch aufwendige Transferaktionen vom einen in das andere Modell durchführen.[19] Einen Mittelweg bietet das Konzept der polyglotten Persistenz, wobei eine Applikation je nach Problemstellung aus mehreren verschiedenen Datenbankmodellen die optimale Lösung auswählt.

4. Graphdatenbanken in der SNA

Werden zur Big-Data-Analyse relationale Datenbanken verwendet, lassen sich die komplex verbundenen Datennetzwerke nur sehr ressourcenintensiv und schwierig speichern. Dies hängt damit zusammen, dass die Datensätze in eine tabellarische Form gebracht werden. Beziehungen müssen daraus wiederum durch aufwendige Joins über Fremdschlüssel berechnet werden. Bei großen, unstrukturierten und stark verbundenen Daten sind relationale Ansätze aufgrund der Transformationsoperationen daher nicht optimal, da die Kosten mit der Größe der Gesamtdatenmenge wachsen.[20]

Bei Graphdatenbanken hingegen richtet sich die Abfragegeschwindigkeit lediglich nach der Zahl der für eine Abfrage benötigten Beziehungen zwischen den Akteursknoten, was ein schnelleres traversieren entlang der Kanten im Graphen ermöglicht. Diese Navigation durch den Graphen wird auch als indexfreie Adjazenz bezeichnet, die Beziehungsgraphen ersetzen einen übergreifenden Index als Suchpointer. Die Datenbank kann weiterhin im Hinblick auf bestimmte Anfragen nach Beziehungstypen kategorisiert werden. Außerdem werden in Graphdatenbanken Beziehungen bereits bei ihrer Erstellung mit als Elemente implementiert, sodass sie zur Laufzeit nicht mehr einer Berechnung bedingen. Dies ermöglicht es bspw. der Datenbank neo4j, in bestimmten Situationen um den Faktor 1000 schneller zu arbeiten als relationale Pendants.[21] Weitere Vorteile beim Einsatz von Graphdatenbanken auf SNA-Daten liegen je nach Situation in geringerem Speicherverbrauch sowie größerer Flexibilität.

---

[19] Webber (Graphdatenbank ist nicht gleich Graphdatenbank), URL siehe Literaturverzeichnis.
[20] Kolmar (Diese Vorteile bieten Graphdatenbanken), URL siehe Literaturverzeichnis.
[21] Ebenda.

Neben diesen Effizienzgewinnen ergibt sich ein Vorteil bei der Analytik auf einer graphischen Datenbasis durch die vergleichsweise intuitive Darstellungsmöglichkeit in Soziogrammen.[22] Dies erleichtert auch die Modellierung während der Konzeptionsphase. Vor allem bei Datensätzen mit hohem Verknüpfungsgrad kann nach einer Visualisierung besser entschieden werden, welche Ausschnitte des Gesamtgraphen im Falle einer Teilauswahl für die analytische Beantwortung einer Hypothese ausreichend sind. Graphische DBMS verfügen weiterhin über optimierte Algorithmen, welche die Berechnung von Zusammenhängen, kürzesten Pfaden, nächsten Nachbarn sowie Matching-Problemen unterstützen.[23] Das vereinfacht die Generierung von in der SNA gängigen Kenngrößen.

Kritisch zu betrachten ist die Skalierbarkeit von Graphdatenbanken auf verteilten Systemen, da sie auf Ein-Server-Architekturen ausgelegt sind, auf denen das Traversieren zügiger abläuft. Der Gesamtgraph muss dafür an bestimmten Beziehungsenden aufgebrochen werden. Aufgrund der Datenmenge von Big Data sowie einer kontinuierlich wachsenden Datenbasis, z.B. im Bereich Live-Analytics, kann dies eine Herausforderung darstellen. Eine effiziente Verteilung des Graphen in Teilnetze mittels Sharding, bei der stark verbundene Daten in einer Partition zusammengehörig bleiben, geht daher in der Regel mit Performanceverlust einher.[24]

5. Anwendungsfelder

Nachdem der methodisch-theoretische Gegenstand nun in hinreichendem Maße behandelt wurde, sollen in diesem Abschnitt die Auswirkungen, die die soziale Netzwerkanalyse auf konkrete Anwendungsbereiche ausübt, erörtert werden. Die SNA wird nicht zum Selbstzweck durchgeführt; mit ihrer Aufdeckung von verborgenen Zusammenhängen trägt sie zum Informationsmanagement und Prozessverständnis in Forschung und Wirtschaft bei und liefert in Form von Optimierungspotenzialen sowie Entscheidungsgrundlagen indirekt einen finanziell relevanten Wert. Um diesen Nutzen herauszustellen werden exemplarisch zwei Anwendungsfelder vorgestellt: die Struktur von Unternehmensorganisationen und die digitale Marktforschung.

---

[22] Scott (Social Network Analysis), S. 13ff.
[23] Meier und Kaufmann (NoSQL-Datenbanken), S. 14ff.
[24] Sadalage und Fowler (Polyglott Persistence), S. 119.

5.1 Das Unternehmen als soziales Netzwerk

Unternehmen werden in der Praxis oft als hierarchische Konstrukte wahrgenommen. Aus der Organisationstheorie stehen mit der funktionalen Organisation, der Ablauforganisation oder dem Hybrid der Matrix unterschiedliche Herangehensweisen zur Verfügung, um Verantwortlichkeiten, Aufgabenbereiche und Prozesse zuzuweisen und zu integrieren. Jedoch entwerfen „Manager [...] beständig neue Ablaufpläne und Organigramme – oft mit ernüchterndem Ergebnis: Verschiedene Studien zeigten, dass 70% aller Reorganisationsprojekte scheitern. Ein wesentlicher Grund: Ein Grossteil der Arbeit in Unternehmen geht jenseits der formal definierten Geschäftsprozesse in unsichtbaren, informalen Netzwerken vonstatten."[25] Maßnahmen die das Humankapital betreffen, entfalten bei reiner Betrachtung der Formalstruktur also nicht in vollständigem Maße ihre gewünschte Wirkung. Die SNA sorgt hier für ein Verständnis der tatsächlichen Beziehungen der Organisation.

Im Unternehmenskontext kann zwischen zwei größeren Bereichen unterschieden werden. Intraorganisationale Netzwerke beschäftigen sich mit Beziehungsgefügen innerhalb der Unternehmensgrenzen, während interorganisationale Netzwerke auch andere Stakeholder der weiteren Umwelt mit einbeziehen. Thiel geht davon aus, dass verschiedene Netzwerke nebeneinander koexistieren. Alltagsnetzwerke regeln den Austausch von Informationen und Ressourcen im Tagesgeschäft, Strategie- und Innovationsnetzwerke thematisieren die zukünftige Entwicklung und Vision des Unternehmens. Das soziale Unterstützernetzwerk ist für die Gestaltung der Unternehmenskultur verantwortlich, während Expertennetzwerke das Organisationswissen verwalten.[26]

Intern kommt die SNA klassischerweise im Personalmanagement zum Einsatz. Um Mitarbeiter mit ihren wahrgenommenen Rollen zu identifizieren, ist Kenntnis über ihre Position im Unternehmensnetzwerk vonnöten.[27] Während Information Broker Brücken zwischen isolierten Teilgraphen herstellen und damit grenzüberschreitend wirken, sind Hubs/Central Connectors als Cluster-Mittelpunkte Informationsaggregaten und –verteiler und sorgen für Produktivität.

---

[25] Schwarzinger und Jaik (Soziale Netzwerkanalyse im Personalmanagement), URL siehe Literaturverzeichnis.
[26] Thiel (Was leistet die Soziale Netzwerkanalyse?), URL siehe Literaturverzeichnis.
[27] Vgl. Zenk und Behrend (Soziale Netzwerkanalyse in Organisationen).

Sogenannte Hidden Champions wiederum können über indirekte Beziehungen viele Akteure erreichen, während Peripheral Specialists sich als Experten bewusst am Rand des Netzwerks aufhalten.[28] Solche Rollen schlagen sich im Meinungsführerkonzept[29] nieder. Die soziale Netzwerkanalyse identifiziert Entscheider, Beeinflusser und Informationsselektierer, also diejenigen Personen die gezielt angesprochen werden müssen, um kritische Projekte wie die Neuzuordnung von Aufgabenbereichen, Prozessdigitalisierung oder Beschaffungsentscheidungen zum Erfolg zu führen. Witte benennt Akteure in Schlüsselpositionen in diesem Zusammenhang als Macht-, Fach- und Beziehungspromotoren, die auftretenden Widerständen und fehlender Motivation bei Mitarbeitern entgegentreten können.[30] Kenntnis von diesen Beziehungen zu erlangen bietet Potenziale für Teambuilding-Maßnahmen, der Mitarbeiterentwicklung und der Aufdeckung bisher ungenutzter Kompetenzen und Expertise.[31] Die Beziehungsqualität kann auch Aufschlüsse über das allgemeine Arbeitsklima der Organisation geben. In der Organisationspsychologie wird die SNA deshalb im Rahmen von Beratungen und Entwicklungsprozessen als Tool eingesetzt.[32] Die SNA hilft also dabei, Zufriedenheit, Innovation und Leistung zu beeinflussen.

Auch zur Wissensverteilung über Teams hinweg und zur Kontrolle des Informationsflusses kann die SNA eingesetzt werden. Die Einbindung von Agenten und Wissensbrokern führt zu effizienteren Abläufen und Vermeidung von Barrieren. Dies kann z.B. im Business Development helfen, Unwissen und Akzeptanzprobleme zu beseitigen. Durch aktive Anbindung von Wissenskonsumenten an Experten kann ein abteilungsübergreifender Wissenstransfer erreicht werden. Außerdem wird die Organisation weniger von der Expertise einzelner Akteure abhängig.

Interorganisationale Netzwerke sind demgegenüber auf einer Makroebene angesiedelt und entlang der prozessualen Wertschöpfungskette zu finden. Die Akteure befinden sich in einer Marktsituation, Beziehungen regeln den zielgerichteten Austausch von Gütern sowie Dienstleistungsverhältnisse. Sichtbar treten soziale Netzwerke an den Ein- und Ausgangsschnittstellen des Unternehmens in der Logistik, Beschaffung und Vertrieb auf.

---

[28] Cross und Prusak (The people who make organizations go–or stop), S. 248-260.
[29] Vgl. Webster und Wind (Organizational Buying Behavior), S. 12-19.
[30] Vgl. Witte (Das Promotoren-Modell).
[31] Müller-Prothmann (Soziale Netzwerkanalyse als Wissensmanagement-Werkzeug), URL siehe Literaturverzeichnis.
[32] Wikipedia (Soziale Netzwerkanalyse), URL siehe Literaturverzeichnis.

Die SNA von Vertriebsnetzwerken könnte bspw. zu einer besseren Marktabdeckung führen. Aber auch kooperativ gestaltete Geschäftsprozesse wie Fertigung oder Forschung und Entwicklung, z.b. in Konzernen oder Industrieclustern, weisen Netzwerkcharakteristika auf. Geht es innerhalb der Organisation noch um Optimierung und Realisierung von Wettbewerbsvorteilen, ist hier eine bewusste Positionierung des Unternehmens an zentraler, führender Stelle im eigenen Netzwerk das Ziel. Eine gute Versorgung mit Wissen des Branchen- und Stakeholder-Netzwerks kann interne Innovations- und Strategienetzwerke stärken und auch als Entscheidungsunterstützung bei der Auswahl möglicher Kooperationspartner dienen. Zuletzt profitiert das Unternehmen nicht nur von persönlichen Beziehungen zu externen Akteuren bei Auftragsvergaben, sondern auch das Personalmanagement in puncto Mitarbeitergewinnung. Hier kann sich für externe Stellenbesetzungen die Identifikation von „Boundary Spanners" nach außen lohnen, z.B. durch Aktivität in Berufsnetzwerken wie LinkedIn.[33]

5.2 Auswirkungen auf die Marktforschung

Ein weiteres Anwendungsfeld, für welches die soziale Netzwerkanalyse prädestiniert ist, liegt im Marketing. Die moderne Marktforschung stellt die Beziehungen von Unternehmen und Kunden in ihren Mittelpunkt, wobei sich die Lehre des Beziehungsmarketings sowie der Markets-as-Networks-Ansatz herausgebildet haben.[34] Beziehungen werden als generischer Führungsrahmen für Markttransaktionen angesehen. Indem Märkte als soziale Netzwerke begriffen werden, ist das Verhältnis von Kunde zu Produkt nicht mehr nur eine dyade Beziehung, sondern es wird jede Transaktion in ein sie beeinflussendes Umfeld eingeordnet.[35] Earls sieht den Akteur Kunde im Kontext seiner „Herde", die konstant seine Entscheidungen beeinflusst.[36] Auf dieser Erkenntnis bauen die Instrumentarien von Peergroup-Targeting und Influencer-Marketing auf. Der Einsatz von SNA hilft, solche Kundengruppen mit hoher Vernetzungsdichte und kongruenten Verhaltensattributen zu erkennen. Dem Touchpoint soziale Medien kommt dabei zur Datengewinnung zunehmende Bedeutung zu.

---

[33] Vgl. Cross und Prusak (The people who make organizations go–or stop).
[34] Mattsson (Relationship Marketing), S. 447-461.
[35] Vgl. Cooke (Future of Market Research), S. 267-292.
[36] Earls (Advertising to the herd), S. 311ff.

Bei der Analyse von Kundengruppen sind diverse Kennzahlen zu erheben. Neben Akteursattributen wie persönliche Netzwerkgröße (Reichweite), Interaktionshäufigkeit (Informationsbedarf) oder Beziehungstyp (starke oder schwache Bindung) sind auch strukturelle Daten wie der Einfluss von Referenz-Gruppen und Lead-Usern sowie Zentralisierungsgrad der Gesamtkundengruppe von Bedeutung.[37] Es kann eine Zielgruppensegmentierung unter Berücksichtigung von Netzwerkrollen vorgenommen werden, bei der die Akteurstypen in Kategorien einsortiert werden (z.b. sind für eine Person Akteure mit starker Bindung bei der Wahl des Urlaubsziels relevant) und um Beziehungsinformationen angereichert werden (z.B. es handelt sich um Familienangehörige). Die Erkennung von Kundengruppen und Ermittlung deren Relevanz kann im Anschluss zur Effizienzmessung und gezielten Steuerung von Marketingkampagnen und Vertriebskanälen eines Unternehmens verwendet werden.

Recommender-Systeme werden im E-Commerce verwendet, um Kunden die Entscheidung zwischen einer großen Auswahl an Produkten zu erleichtern. Inhaltsbasierte und kollaborative Herangehensweisen suchen dabei nach Ähnlichkeiten in der Beziehungsmenge von Kunden und Produkten.[38] Kundeneinstellungen und ihre Auswirkung auf andere Akteure können mit Hilfe der SNA genutzt werden, um Empfehlungs-Engines zu verbessern. Indem Empfehlungsnetzwerke besser verstanden und einbezogen werden, kann ein Information-Overload bei Kaufentscheidungen verhindert und mit Predictive Analytics Kundenpräferenzen ein Stück weit antizipiert werden. Ebenso kann die SNA als Enabler für virales Marketing angesehen werden. In sozialen Online-Netzwerken kann sie das Optimierungsproblem lösen, diejenigen einflussreichen Cluster zu identifizieren, durch welche eine schnelle, kaskadierende Verbreitung einer Marketing-Botschaft erreichbar ist.[39]

---

[37] Webster und Morrison (Network Analysis in Marketing), S. 8ff.
[38] Xu u.a. (Social Network Analysis as a strategy for E-Commerce), S. 106.
[39] Kempe u.a. (Maximizing the Spread of Influence through a Social Network), S. 1.

6. Fazit

Mit der SNA steht im Bereich der Analytics ein vielseitiges Tool zur Verfügung, welches strukturbedingte Abhängigkeiten und Beziehungen sozialer Netzwerke in qualitativer Form aufbereitet.

Im Kontext der digitalen Transformation wird ihr Einsatz attraktiver, da durch den Zugang zu Big Data eine ausreichend detaillierte Grundlage für die semantische Erschließung von Netzwerken bereitgestellt wird. Graphdatenbanken haben sich aufgrund ihrer besonderen Eignung für solche auf Beziehungen fokussierte Datenbestände als Standard etabliert.

Durch die Aufdeckung von verborgenen Netzwerkstrukturen kann die SNA in zahlreichen Anwendungsdomänen einen Mehrwert bieten. So liegen die herausgestellten Potenziale in Unternehmen bspw. darin, dass das Personalmanagement zentrale Mitarbeiter und informelle Prozesse identifiziert und für die Organisationsziele nutzt. Bei der Verwendung der SNA ist jedoch auf deren ethische Tragweite und sensible Einführung zu achten, da die Ergebnisse das persönliche Mitarbeiterverhalten widerspiegeln. Bei vorhandenen Konflikten oder Ängsten ist sie daher methodisch ungeeignet. In der Marktforschung sorgt die SNA für ein besseres Verständnis der Struktur von Kundengruppen wie auch der Beziehung zwischen vermarkteten Inhalten und Marketingadressat. Aber auch eine Verwendung in Institutionen, bspw. der Polizei zur Aufdeckung von kriminellen Bandenstrukturen, ist denkbar.

Schlussendlich ist bei allen Potenzialen kritisch anzumerken, dass die SNA erheblich von der zugrunde gelegten Datenbasis und einem methodisch sauberen Vorgehen abhängig ist. Sowohl in der Netzwerkmodellierung, der Datenerhebung und der Auswahl von Metriken ist es eine Herausforderung, subjektive Verzerrungen zu eliminieren, welche zu einem von der Realität abweichenden Abbild des Netzwerks führen. Dann aber ist der netzwerkanalytische Ansatz in hohem Maße geeignet, einer durch die Digitalisierung immer stärker vernetzten Welt gerecht zu werden.

Literaturverzeichnis

Barrasa, J. (RDF Triple Stores vs. Labeled Property Graphs), RDF Triple Stores vs. Labeled Property Graphs: What's the Difference?, auf den Seiten des Neo4j Blogs, Neo4j Inc., https://neo4j.com/blog/rdf-triple-store-vs-labeled-property-graph-difference/, Stand: 18.8.2017

Bendel, O. (Soziale Medien), auf den Seiten des Gabler Wirtschaftslexikons, Springer Gabler Verlag (Hrsg.), https://wirtschaftslexikon.gabler.de/definition/soziale-medien-52673/version-275791, Stand: 19.02.2018

Christakis, N. und Fowler, J. (Die Macht sozialer Netzwerke), Die Macht sozialer Netzwerke. Wer uns wirklich beeinflusst und warum Glück ansteckend ist, Frankfurt am Main, 2011

Cooke, M. (Future of Market Research), Web 2.0, Social Networks and the Future of Market Research, in: International Journal of Market Research, 2008, S. 267-292

Cross, R. und Parker A. (The hidden power of social networks), The hidden power of social networks: Understanding how work really gets done in organizations, Harvard Business Press, 2004

Cross, R. und Prusak, L. (The people who make organizations go–or stop), in: Cross, R. / Parker, A. und Sasson, S. (Hrsg., Networks in the Knowledge Economy), Oxford, 2002, S. 248-260

DB-Engines (Ranking of Graph DBMS), DB-Engines Ranking of Graph DBMS, auf den Seiten von DB-Engines, Solid IT (Hrsg.), https://db-engines.com/en/ranking/graph+dbms, Zugriff am 3.1.2019

Earls, M. (Advertising to the herd), Advertising to the herd: how understanding our true nature challenges the ways we think about advertising and market research, in: International Journal of Market Research, 3, 45, 2003, S. 311–336

Francis, N. / Green, A. / Guagliardo, P. / Libkin, L. / Lindaaker, T. ... und Taylor, A. (Cypher), Cypher: An Evolving Query Language for Property Graphs, in: Proceedings of the 2018 International Conference on Management of Data, Houston, 2018, S.1433ff

Göllner, J. / Meurers, C. / Peer, A. und Povoden G. (Einführung in die soziale Netzwerkanalyse), Einführung in die Soziale Netzwerkanalyse und exemplarische Anwendungen, in: Landesverteidigungsakademie (Hrsg., Grundlagen zum Wissensmanagement im ÖBH), Wien, Sonderpublikation, 5, 2011, S. 13ff

International Network for Social Network Analysis (What is Social Network Analysis?), https://www.insna.org/, Zugriff am 2.12.2018

Jansen D. (Einführung in die Netzwerkanalyse), Einführung in die Netzwerkanalyse - Grundlagen, Methoden, Forschungsbeispiele, Wiesbaden, 2006, S. 79

Kempe, D. / Kleinberg, J. und Tardos, É. (Maximizing the Spread of Influence through a Social Network), in: Theory of Computing, 4, 11, 2015, S. 105–147

Kolmar S. (Diese Vorteile bieten Graphdatenbanken), auf den Seiten von Big Data Insider, Vogel IT-Medien GmbH (Hrsg.), https://www.bigdata-insider.de/diese-vorteile-bieten-graphdatenbanken-a-615118/, Stand: 19.7.2017

Latour, B. (Soziologie für eine neue Gesellschaft), Eine neue Soziologie für eine neue Gesellschaft, Frankfurt am Main, 2007

Mattsson, L.-G. (Relationship Marketing), "Relationship marketing" and the "markets-as-networks approach" – a comparative analysis of two evolving streams of research, in: Journal of Marketing Management, 5, 13, Jg. 1997, S. 447 401

Meier A. und Kaufmann M. (NoSQL-Datenbanken), SQL- & NoSQL-Datenbanken, Berlin, Heidelberg, 8. Auflage, 2016, S. 14ff

Müller-Prothmann (Soziale Netzwerkanalyse als Wissensmanagement-Werkzeug), auf den Seiten von Community of Knowledge, Intakt Umweltstiftung (Hrsg.), http://www.community-of-knowledge.de/beitrag/wissensnetzwerke-soziale-netzwerkanalyse-als-wissensmanagement-werkzeug/, Stand: 13.12.2007

Mutschke P. (Zentralitäts- und Prestigemaße), in: Handbuch Netzwerkforschung, Wiesbaden, 2010, S. 366

Nooy, W. de / Mrvar A. / Batagelj V. (Exploratory social network analysis), Exploratory social network analysis with Pajek, Cambridge, 2005, S. 151

PAT Reasearch (Top 27 Graph Databases), auf den Seiten von Predictive Analytics Today, https://www.predictiveanalyticstoday.com/top-graph-databases/, Zugriff am 12.12.2018

Sadalage, P.J. und Fowler, M. (Polyglott Persistence), NoSQL Distilled: A Brief Guide to the Emerging World of Polyglot Persistence, 2012, S. 119

Schwarzinger, A. und Jaik, K. (Soziale Netzwerkanalyse im Personalmanagement), auf den Seiten von Slideshare, https://de.slideshare.net/andreasschwarzinger/soziale-netzwerkanalyse-im-unternehmen-am-beispiel-von-american-pie, S. 4, Zugriff am 27.12.2018

Scott J. (Social Network Analysis), 4. Auflage, 2017, S. 13ff

Thiel, M. (Was leistet die Soziale Netzwerkanalyse?), auf den Seiten von business-wissen.de, b-wise GmbH (Hrsg.), https://www.business-wissen.de/artikel/organisationsentwicklung-was-leistet-die-soziale-netzwerkanalyse/, Zugriff am 27.12.2018

Trappmann M. / Hummell H. und Sodeur W. (Strukturanalyse sozialer Netzwerke), Strukturanalyse sozialer Netzwerke: Konzepte, Modelle, Methoden, in: Studienskripte zur Soziologie, Wiesbaden, 2005, S. 182f

Wang, R. und Strong, D. (What data quality means), Beyond accuracy: What data quality means to data consumers, in: Journal of Management Information Systems, 4, 12. Jg., 1996, S. 5-33

Webber, J. (Graphdatenbank ist nicht gleich Graphdatenbank), auf den Seiten von Heise Developer, Heise Medien GmbH (Hrsg.), https://www.heise.de/developer/artikel/Graphdatenbank-ist-nicht-gleich-Graphdatenbank-3974478.html, Stand: 23.2.2018

Webster, F.E. und Wind, Y. (Organizational Buying Behavior), A General Model for Understanding Organizational Buying Behavior, in: Journal of Marketing, 2, 36, 1972, S. 12-19

Webster, C.M. und Morrison, P.D. (Network Analysis in Marketing), in: Australasian Marketing Journal, 2, 12. Jg., 2004, S. 8-18

Wikipedia (Soziale Netzwerkanalyse), auf den Seiten der Wikipedia, Wikimedia Foundation Inc. (Hrsg.), https://de.wikipedia.org/wiki/Soziale_Netzwerkanalyse, Zugriff am 15.12.2018

Witte, E. (Das Promotoren-Modell), in: Hauschildt, J. / Gemünden, H.G. (Hrsg., Promotoren), Wiesbaden, 1999, S. 9-41

WI-Wiki (Graphdatenbanken), auf den Seiten des WI-Wikis, Technischen Hochschule Mittelhessen (Hrsg.), http://wi-wiki.de/doku.php?id=bigdata:graphdb, Stand: 5.10.2015

Xu, Y. / Ma, J. / Sun, Yongh. / Hao, J. / Sun, Yongq. und Zhao, Y. (Social Network Analysis as a strategy for E-Commerce), Using Social Network Analysis as a strategy for E-Commerce Recommendation", in: PACIS 2009 Proceedings, 2009, S. 106

Yoon, B. / Kim, S.K. / Kim, S.Y. (Use of Graph Database), Use of Graph Database for the Integration of Heterogeneous Biological Data, in: Genomics & Informatics, 1, 15. Jg., 2017, S. 19–27

Zenk, L. und Behrend, F. (Soziale Netzwerkanalyse in Organisationen), Soziale Netzwerkanalyse in Organisationen. Versteckte Risiken und Potentiale erkennen, 2014, S. 211ff